AF562410

MEMORANDUM.

AUX DÉLÉGUÉS DU PAYS.

> Nous puisons notre plan dans les lois anciennes, qui toutes portent que le fort supportera le faible et que l'un paiera pour l'autre. (*M. Moreau de Beaumont*, président du comité du contentieux des finances : 1789.)

PARIS,
A. PIHAN DELAFOREST,
IMPRIMEUR DE LA COUR DE CASSATION,
Rue des Noyers, n° 37.
1832.

Il fait ensuite un calcul pour établir que sur 10 millions de cotes, près des quatre cinquièmes sont au-dessous de 20 fr. : or, qu'elle serait la surcharge qui résulterait pour cette nuée de petits propriétaires du maintien des 30 centimes additionnels de 1831 ? 4 fr. au maximum. Quel soulagement apporterait à une famille de cette classe, la réduction de l'impôt du sel au tiers de ce qu'il est aujourd'hui ? 10 fr. au minimum. Il est donc clair que les 779 cotes sur 1,000 au-dessous de 20 fr. représentent un intérêt qui est identiquement le même que celui des prolétaires ; à la vérité, en calculant pour les cotes au-dessus de 500 fr., on trouverait un intérêt opposé, et si ces cotes ne sont qu'au nombre de 4 pour 1,000, elles ont l'avantage d'avoir seules voix dans la législature.

Voilà où conduit l'argumentation de M. Humann, et cependant il s'écrie avec colère : « On ose traiter la propriété en ennemie, et « signaler les possesseurs comme des oisifs opulens s'engraissant « de la substance du peuple.... Votre commission a été d'autant « moins disposée à aggraver la situation des propriétaires que les « attaques dirigées contre eux sont plus violentes et plus cou- « pables. »

En conscience, est-ce bien ainsi que doivent être résolues les hautes questions d'économie publique ? Si de *coupables attaques* sont dirigées contre la propriété par de téméraires écrivains, tâchez d'en avoir justice : mais est-ce une raison pour refuser aux classes misérables qui n'en peuvent mais, le soulagement qu'elles réclament, et que vous pouvez, que vous devez leur accorder en reportant sur la propriété, une faible partie des charges dont vous grevez le salaire du pauvre ? Sachez que les attaques dont se plaint la propriété viennent de l'abus égoïste qu'elle a fait pendant quinze ans de privilèges politiques dont elle fut investie par la restauration. Si les chambres de censitaires à 1,000 fr. d'impôt n'avaient pas fait de la propriété l'objet d'une espèce de culte, on n'aurait pas vu de nos jours se former une religion contre la propriété ; si elle se plaint d'être traitée en ennemie, c'est qu'elle tranche de l'aristocratie.

(*Journal du Commerce du* 11 avril 1832.)

Partez et revenez.

Sauf au retour, qu'il soit fait le contraire de ce qui a été fait.

Laissons l'amortissement : il est sur ses fins.

On le prêche encore du haut de la chaire : mais la foi est éteinte. Il n'y a plus de magie.

Même en bourse, à peine on en fait cas. Londres le donna, Londres l'abandonne : Paris l'accepta, le repousse.

Ce serait au premier janvier 1833, 90 millions nets, 110 millions bruts, à tirer du pays, à verser dans la capitale.

Justement provenant de la taxe du sel, du droit des boissons communes, des impôts directs sur le dénuement.

Seulement parvenant à élever le cours de 3 ou 4 fr., à épargner un demi pour cent sur l'emprunt, à éteindre la dette en 30 ou 40 années.

Passons aux impôts.

Les vignobles prétendent que les prix doivent hausser, en même raison que les produits forcent.

Le refus, l'émeute, la violence viennent en preuve de leurs droits.

Et la peur prend, trouble, égare.

Vite qu'on façonne quelque décret, où le vin ne gagne rien, où l'Etat perde beaucoup.

Une révision des tarifs à peine adoucit la charge, n'adoucit pas du tout la gêne.

Une réduction du droit de détail n'altère pas le prix, n'augmente point la vente, ni donc les achats.

En vain, cela avait été prédit. (*Enquête analytique sur les vins :* 1829.)

En vain il avait été dit que le bas prix dans les cabarets, nuit à la fois, au travail, à la santé, aux mœurs.

Et que des maisons de licence, à vendre au dehors, devaient leur être préférées.

Comme aussi, qu'il fallait plutôt abolir le droit de circulation, abaisser le tarif sur les boissons communes et alléger l'impôt sur les vignobles.

Grand dommage pour le trésor; aucun gain pour le consommateur et le producteur : voilà le résultat.

Or les impôts direts sont appelés à couvrir le déficit de la contribution indirecte.

Il y a l'impôt mobilier, l'impôt personnel, les portes et fenêtres : chacun paiera sa quote part, mais non au même taux.

Cette différence existe, que les deux derniers tendent à peser d'autant, dans le rapport déclinant des moyens; et que le premier se prête à être assis en raison ascendante des moyens.

Ceux-là importent peu aux moyennes fortunes, au lieu que celui-ci les intéresse fort.

C'est assez. Le personnel et les portes et fenêtres, deviennent impôts de quotité : le mobilier reste impôt de répartition.

On veut bien de l'impôt disproportionnel : sous la simple condition que ce soit dans le sens rétrogressif, et non dans le sens progressif.

Cependant la loi écrit et n'agit pas. Le pouvoir vient et l'explique et l'applique à sa manière.

On ne peut parler plus franchement.

« Il est arrivé que les contrôleurs ont été très pressés et n'ont pu consulter les répartiteurs.....

« Les avertissemens ont été envoyés, parce que les rôles étaient faits.....

« On supporte facilement ses charges, quand on a de la bonne volonté. » (*Ministre des finances*, 29 novembre 1831.)

D'où il est advenu que l'impôt mobilier, sous le mode arbitraire de répartition a quadruplé et décuplé ; au moins en certains lieux, en certains cas (1).

Si bien que par comparaison, le produit total devrait monter à 100 milions, dont il ne paraît pas qu'on ait rendu compte.

Exactement au taux où il devrait être ; mais

---

(1) A Versailles, même maison, même mobilier, même famille, seulement avec un enfant de plus et deux domestiques de moins, et sous la même évaluation de loyer, la quote mobilière a passé de 20 fr. en 1830, à 189 fr. en 1831 et y est restée en 1832.

d'après la loi et non à l'ordre ; mais après l'appréciation réelle, suivant la progression légitime.

Maintenant vient le budget.

Le mot est d'une langue étrangère : et à ce titre apparemment, ne porte pas un sens précis, un sens fixe.

Devant le mot, les esprits sont tour-à-tour en transes, en extase.

Aujourd'hui l'avarice s'inquiète d'avoir à débourser quelques sous; demain l'orgueil s'enfle d'avoir à ordonner l'acquit d'un milliard.

Ainsi il en est pour les subsides : tandis que pour les dépenses, l'envie peut être, la défiance sans doute, président aux débats.

Il faut cinq mois à 36 députés, brûlant d'un saint zèle, pour éplucher les cent chapitres, les mille et un articles de l'œuvre fiscale.

Sans parler de la tâche plus lestement accomplie, d'approuver les diverses natures des subsides.

A fin de compte, un grand travail avec son cortège de sept petits travaux, aboutit à une économie de 10 millions en somme, dans le rapport de 1 pour cent.

Et un autre travail sans accompagnement obligé, tend à limiter certains impôts, à établir quelques taxes de 20 ou 25 millions en valeur.

Or les 36 commissaires ont à peu près perdu et leur temps et leurs peines : une part des épargnes étant rejetées ; une part d'autres épargnes étant résolue.

De quel bord est la raison ? Ni de l'un, ni de l'autre.

Sans doute le comité, la chambre sont consciencieux : mais celui-là n'était pas rationnel ; et à l'exemple, celle-ci ne l'est pas non plus.

Ici et là, la prédisposition tenait le glaive, tranchait les questions.

C'était commandé d'avance : il fallait diminuer le gros total, et rogner quelques fragmens, jeter quelques débris.

De sorte que presque toutes les réductions se sont opérées à contre cœur, autant qu'à contre sens.

La somme monte à 6 millions environ : le temps a pris de deux à trois mois.

Six millions : 60 séances. Cela met la séance au prix de 100 mille francs entre 400 députés : cela met la journée, au taux de 250 f.

Quant aux recettes, la chose est toute autre.

Le temps ne dépasse pas deux ou trois jours : et la somme s'élève à un milliard.

La séance rend 300 millions : entre 300 députés, la journée monte à un million.

L'ouvrage va couramment.

A peine quelques mots entrecoupés et vraiment intempestifs se jettent à la traverse ; aussitôt refoulés par la question préalable,

Ne citons qu'un seul point ; devant lequel tout s'efface, s'annulle,

Art. 6. Provisoirement et jusqu'à l'émission des rôles de 1831, sauf la déduction des 30 centimes temporaires de l'impôt foncier, les contributions directes seront recouvrées sur les rôles de 1831.

En 1831, celui-là et celles-ci ont de même été rechargés.

Or à l'égard du premier, nul arbitraire n'a eu lieu ; le taux étant d'un cinquième en sus.

Même la perception s'est opérée sans peine : de plus la taxation n'excédait pas les moyens.

Au contraire, quant aux dernières, les reproches sont venus en foule, les regrets ont vite succédé,

Et l'arbitraire a régné : la taille des temps passés n'était pas autrement répartie.

N'importe ! il faut payer au même taux, jusqu'au terme marqué par le bon plaisir du ministre.

Le fisc doit rendre, dit-on : mais alors pourquoi veut-il prendre ?

Mais il n'y gagne donc que les frais d'escompte, à raison de 3 ou 4 pour cent en bons royaux.

Mais il opère donc un emprunt forcé, à acquitter par la misère, à extraire du fonds de la vie.

Si c'est là du système représentatif ; au moins il est d'un nouveau genre, d'une toute autre espèce.

L'instinct du moyen âge était plus sûr que l'esprit du grand siècle.

Le moyen âge parlait mal, pensait bien. Il se

disait en secret, plutôt qu'il ne disait tout haut.

« Qu'est-ce que je veux? payer le moins, être servi au mieux.

« Je ne puis faire mon propre service : je dois prendre des serviteurs, et leur en laisser la charge.

« Comme aussi je dois en fournir les moyens, dispenser les fonds nécessaires.

« Ainsi le gouvernement sera institué.

« Mais le gouvernement est enclin à la dépense, est répugnant à l'épargne.

« Il me faut examiner en grand, les besoins de l'Etat; et limiter les moyens en juste raison, non sans donner quelque marge.

« Je risque de perdre quelques millions; je suis certain d'être servi en tout point.

« En somme, l'affaire est bonne. »

De ces simples idées, tout découlait.

Suivant le mode représentatif de ces temps, on écoutait les rapports du pouvoir, on observait avec soin, on réfléchissait en silence, on décrétait par suite.

Le pays payait tant au pouvoir pour tenir le ménage.

Au bout de l'an, le pouvoir rendait ses comptes, dont la balance était réglée en plus ou en moins suivant le cas.

Tel était l'axiome banal : le vote de l'impôt, l'octroi des subsides appartient au pays.

Les esprits ne concevaient pas d'autre idée; ils bornaient là leurs vues, leurs vœux.

Maintenant tout se traite à rebours.

Voyez ces deux ou trois mois de séances qui se lassent et s'épuisent et se consument à l'œuvre vaine des économies :

Lésinant sur les devoirs et chicanant sur les besoins : aliénant les agens, entravant les services, atténuant les recettes.

Encore n'est-ce que le moindre mal.

Le temps s'est passé, s'est perdu.

Et le zèle d'abord trop ardent s'éteint; et soit de fatigue, soit de honte, les forces s'affaissent.

Le temps, les forces ont été employés à ne rien faire : quand tout vient à faire, il ne reste ni temps ni forces.

Le grand siècle n'omet qu'un point; seulement le vote de l'impôt, l'octroi des subsides.

Il lui est jeté sous l'intitulé de l'art. 1er qui ne finit pas, un pêle et mêle de taxations; à commencer, par l'enregistrement, les douanes, les droits réunis, au montant de 5 à 600 millions :

A finir par les spectacles et fêtes, les brevets et les mesures, les mines et les poudres, les bourses et les primes, les digues et les péages, les pharmacies et les eaux minérales, l'université et le culte israélite, au montant de quelques cent mille francs :

Dans lequel article, soit dit en passant, n'est point spécifié le droit sur les sels de l'est; attendu qu'il ne fait pas partie des contributions indirectes.

Et sur l'heure, paragraphe par paragraphe, la macédoine indigeste est dévorée.

Mais le peuple!... Qu'il crie, et qu'il paie.

Mais le pauvre!... Qu'il souffre et qu'il meure.

Mais l'équité!... Cela n'est pas à l'ordre du jour.

Mais l'humanité!... On y avisera une autre fois.

Mais la paix publique!... Les armes sont mises à notre solde.

Mais la richesse commune!... Les écus restent dans notre bourse.

Huissiers, baissez la toile.

Voilà, sans qu'on se l'avoue, sans qu'on le sache ou qu'on le sente, ce qui se fait.

A quoi donc sert la chambre?

Certes les parlemens n'eussent pas laissé passer, lors du budget de 1831, l'inique aggravation de l'impôt personnel et des portes et fenêtres.

Et moins encore, ils eussent laissé reparaître au budget de 1832, la répartition monstrueusement arbitraire de l'impôt mobilier.

Même la royauté, censée être absolue, n'aurait jamais osé autoriser de telles déprédations fiscales.

Il faut lire dans l'histoire des finances, comment la capitation et les vingtièmes ne furent établis qu'en 1695 et 1713;

Comment les vingtièmes ont été mis et repris à diverses fois, jusqu'à 1770;

Comment la capitation ainsi dénommée, était répartie en vingt classes, sous le mode de l'impôt progressif.

A quoi sert la chambre? et de quelle source naît-elle? à quelle fin existe-t-elle?

Faut-il que ce ne soit qu'une chambre d'enregistrement, qu'un greffe d'entérinement.

Alors, c'est un instrument de dommage, que fabrique le peuple, et qui se retourne contre lui, et qu'il brise au premier jour.

Les assemblées dites nationales sont douées d'une ineffable magie.

Elles rendent en apparence le sens de la volonté générale, et par conséquent de la raison relative.

Elles portent évidemment le caractère de la force totale, et donc de la puissance absolue.

Le parlement anglais et la convention, les cortès et la diète de Pologne, l'ont assez manifesté.

Libres, leur pouvoir est illimité, jusqu'au terme extrême : serviles, il est indéfini pour un certain temps.

Car à distance, l'ombre simule le corps.

Que sont devenues et la chambre dénommée l'introuvable, et la chambre surnommée la déplorable :

Celle-là qui, trop impétueuse, en livrant l'assaut au ministère, ouvrit la brèche devant la royauté :

Celle-ci qui, moins désintéressée, en applaudissant au cabinet, fit maudire la couronne.

En fait de crédit et d'impôt, la scène a revu cette dernière.

Tout a passé; au bon plaisir *des gens à argent* (expression de M. Necker), comme au déplaisir des gens sans le sou.

Pour des esprits défians, il eût semblé d'un pacte tramé entre la servilité et la cupidité.

L'un portant l'autre, l'un aidant à l'autre, ont été décrétés, et l'amortissement de la rente et le dégrèvement de la terre.

Si bien que de prime-abord, on s'est lié les mains, on s'est mis hors d'état de faire rien, là où tout était à faire.

En vain, à l'avant-dernier jour, une voix mâle s'est écriée :

« La révolution de juillet a contracté une dette envers la masse nationale..... ce n'est point une *concession* à accorder, c'est une *condition* à accomplir (*général Strolz* : 10 *avril.*)

On n'avait pas entendu avant; on n'écoutait plus alors.

En vain, la presse, même la tribune ont dit et redit, sans qu'il y eut à y répondre.

« La majorité, on le sait, est une fiction légale; mais la fiction est quelquefois trop forte. (*Courrier*: 19 *février.*)

Trop vraies paroles; car dans l'ordre social, tout est fiction et convention et présomption :

Par la raison qu'il ne fut point donné à l'homme de percevoir la réalité des choses.

Trop dures paroles; car ce qui est fiction se rapproche du genre des rêves, des songes; et de même s'évanouit.

Ainsi qu'il s'est vu hélas! quant à la fiction éminemment tutélaire, qui disparut d'un souffle.

Leçon oubliée, leçon perdue.

Où va-t-on? Le voici.

Soyez députés ou souverains, soyez enfans du sort ou du sang : il n'importe.

Ce que vous êtes, vous ne l'êtes pas par vous, vous ne l'êtes pas pour vous.

De bord et d'autre, il faudrait enfin l'entendre.

On vous élève ou on vous conserve : on vous aime ou on vous hait; on vous vénère ou on vous méprise.

Tour à tour l'un, puis l'autre : toujours l'un après l'autre.

Ne vous flattez donc pas.

Un malade à peu près désespéré, le peuple en ses douleurs aiguës, tâte de divers médecins, tente de régimes opposés.

Et qu'on n'aille pas croire, ni que l'amour l'attache à tel et tel docteur, ni qu'il porte foi en telle et telle ordonnance.

Il tâte, il tente : c'est tout.

S'il se trouve bien de l'essai, à la bonne heure.

S'il s'en trouve mal, malheur alors.

Malheur à qui excita ses haines et alluma ses

fureurs, à qui le berça, le leurra de promesses.

Ainsi les rois s'en vont : ainsi viennent les chambres.

Les rois s'en vont. La faute est à leurs ministres qui se font de la force en idée, de la faiblesse en réalité.

A l'envi, mésusant du pouvoir, et méprisant les droits.

Les chambres s'en iront : la faute sera aux députés, qui s'estiment à titre de rois, qui se comportent à la façon des ministres.

De même, mésusant, méprisant, et de plus se méconnaissant eux-mêmes.

On va là : et c'est au pas de course.

Tellement qu'en la dernière session d'abord; qu'aux derniers jours de cette session enfin, il s'est fait plus de chemin que depuis quinze ans.

Qu'on s'endorme : la foudre veille.

Le sommeil aussi empêcha d'entendre ces paroles si pénibles à répéter :

« Hasard, accident, occasion marquent l'époque, règlent le mode ; et tout est consommé. » (*Un autre Ministre*, 1827.)

C'est que tout compte, tout pèse.

C'est que les torts, les délits, un à un presque imperceptibles, ne manquent pas à s'allier, à s'agglomérer, venant ainsi à faire masse.

A peu près de même que les vapeurs flottantes dans l'air, en un instant s'unissent et enfantent la foudre.

Un 18 brumaire éclate comme un 28 juillet.

Cependant on aura usé de tous les modes, de toutes les formes du pouvoir : on aura usé en son essence, le pouvoir.

Impossible désormais qu'il y ait de représentations, de délégations quelconques.

Déjà la fiction était par trop forte : le serment ayant expulsé l'influence territoriale, et la loi éliminant l'influence intellectuelle.

De plus, la fiction est devenue tout-à-fait fausse.

Difficile à présent, qu'il revienne une autorité de droit, une monarchie de mémoire.

Le droit répugne à l'esprit de licence : la mémoire récente étouffe l'antique mémoire.

La magie, le prestige seraient à refaire.

Le sort se joue entre deux alternatives; ou plutôt est contraint à passer de l'un à l'autre.

D'abord, le brutalisme : soit qu'il s'organise sous la loi du suffrage universel, soit qu'il se lève indompté, indomptable, du sein des masses.

Ensuite, enfin, le despotisme; mais dégradé de gloire, mais dépourvu de génie; et saisi, ravi par l'un, puis par l'autre.

Car il n'y a plus d'homme.

Vous voilà seuls.

Ne disons pas ce que vous deviez.

Dans l'ordre politique, il n'y a que passion; et la passion ne plie pas devant les nécessités.

On attend le coup ; on est foudroyé, pulvérisé. Qu'importe ! on n'aura pas cédé.

93, 94, n'ont point porté lumière.

Il manque à comprendre que la loi fut faite à ces années, fut faite par 91 et 92 ;

Car les choses prenant un certain cours, atteignant un certain point, les hommes ne sont plus que des agens, que des instrumens.

Point de milieu.

Ou rappeler, ramener, rallier les classes dissidentes ; ou les expulser, les exproprier, les exterminer.

Ou faire le Napoléon ; ou refaire un Robespierre.

Ne parlons que de ce que vous vouliez.

Dans l'ordre social, ce n'est qu'intérêt ; et l'intérêt n'a pas perdu l'esprit, la mémoire.

L'intérêt était inquiet ; même l'instinct, le sentiment, étaient émus.

On jouissait des fruits, on se parait des dépouilles ; mais qui donc avait combattu, avait vaincu ?

Et combattre encore, vaincre encore, se montrait possible, probable peut-être.

De là, le peuple enfin attirait, absorbait la pensée.

Il fallait le rendre, non pas plus heureux, mais moins malheureux ; au-delà, le pouvoir faillit.

Il fallait, non pas lui rendre, mais ne plus lui prendre.

Or, comme les vœux, les espoirs, les efforts, ont été leurrés, trahis.

Les consciences sont débiles, sont craintives : les esprits se troublent au bruit, à l'éclat de Paris.

Il suffit de quelques paroles dorées. Et de prime abord, le tribut de 100 millions est voué à l'idole de l'amortissement.

Cela mérite retour.

Aussi, une faveur, une prime de 50 millions est offerte à titre du dégrèvement des terres.

Là, point de phrases. Pourquoi motiver une grâce? Comment répudier une aubaine?

Là, finit la session en sa juste entente.

Il n'y a plus qu'à jeter des boules, qu'à arrêter des places.

Vous voilà partis et rendus; vous voilà seuls.

Avisez donc, et consultez-vous; autrement ce sera encore, ce sera toujours de même.

Il ne manque à la France que de faire une société, que d'être une patrie.

Le pays ressemble trop aux champs Elysées, où voltigeaient des nuées d'ombres impalpables, insaisissables.

Le sol du positif s'échappe sous les pieds. L'esprit erre dans les espaces de l'abstrait.

Les opinions n'ont point de corps; les volontés ne font point corps.

D'où, en fait de choses, le sort, le hasard disposent; d'où, en fait d'hommes, l'audace, l'intrigue décident.

C'est l'anarchie civile, politique.

Justement les élémens radicaux de la société sont privés de poids, sont dénués de valeur.

La campagne, mère nourricière de l'état, est foulée, est froissée.

La province, asile du sens, siège des mœurs, nœud de l'alliance, a été déchiquetée.

Et par nature, la campagne n'a pas de langue; comme de par la loi, la province n'a pas de voix.

Vous voilà partis de Paris, rendus en France.

C'est à vous d'entendre l'une et l'autre; à vous de parler pour les deux.

D'abord, parcourez les champs, fouillez les chaumières: et voyez, écoutez.

Y a-t-il là des citoyens, des hommes? Est-ce de la même espèce? est-ce du même pays?

Trois fois non!

Puis, rassemblez-vous, réunissez-vous au chef-lieu des cours royales.

Simulez les provinces: représentez l'ombre de ces vieux enfans du temps, dont le type est indélébile.

Deux points qui s'unissent, se confondent; car la campagne, la province ne font qu'un, comme l'industrie, la capitale ne font qu'un.

Que ce soit donc faisceau contre faisceau: sans cela, point de lutte.

Et engagez-vous les uns vis-à-vis des autres: engagez-vous en face des peuples, au moyen de la publicité.

Et portez à Paris, gardez dans Paris, l'accord qui donne la force, la foi qui porte le respect.

Alors il y aura une Chambre, une session, un budget.

Ce qu'il n'y a moyen de dire à tous, n'a pas même besoin d'être dit à chacun.

Amoncelés, agglomérés en un corps, la hauteur, la vanité, ne veulent pas, ne savent pas entendre.

Isolés, éparpillés au loin, le repentir, le respect humain voient et sentent et jugent sans aucun aide.

Vienne alors la leçon : *in petto* au moins, il lui sera fait accueil.

Si rude, si dure qu'elle soit, d'autant on ne risquera plus d'y donner lieu.

Extrait du National : 13 avril.

Le budget des recettes a été voté ; 274 députés sur 459 assistaient à la séance. Lorsque le résultat du scrutin a été prononcé, vers cinq heures, il restait 98 membres dans la salle; le reste était parti, définitivement parti, car, malgré l'ordre du jour qui a été lu pour la séance de demain, la session est close.

Ainsi finit cette longue comédie. Par ce dernier vote, la chambre s'est rendu justice : elle qui avait prétendu s'élever au niveau des circonstances, un évènement fortuit est venu l'avertir qu'elle n'était point de taille; son rôle est ailleurs. Bons bourgeois, bons pères de famille, bons administrateurs de leurs revenus, leur foyer les réclame; qu'ils se hâtent donc de retourner dans leur province, dans leur obscur manoir; le rôle de législateur n'est point fait pour eux : arrière donc, place à d'autres !

Il ne leur était point donné de comprendre la portée d'une loi de recettes, de saisir la gravité de l'assiette de l'impôt ; la presse le leur apprendra : qu'ils restent donc chez eux ; Dieu les assiste !

Ils n'ont vu dans le budget qu'une affaire de traitemens et de places : ils ont dono longuement discuté sur les traitemens et les places ; puis, lorsqu'il s'est agi de l'impôt, ils ont trouvé tout naturel de voter les recettes, après avoir consenti les dépenses. C'est là de la logique, de la bonne logique.

On dira peut-être qu'il eût été plus convenable de ne point dégrever l'impôt du riche, afin de pouvoir soulager le pauvre au moment où ce dernier meurt de misère et du choléra (et l'on sait que misère et choléra sont presque synonymes); mais ce sont là des raisonnemens, des théories. Les députés ne sont point des novateurs ; ce qui est fait est bien fait.

Comme hier, comme avant hier, M. Girod (de l'Ain) a presque seul fait les frais de la séance ; il a lu le budget et les amendemens de la commission ; nul ne l'a écouté ; c'était affaire de forme, fiction légale, en un mot, question de gouvernement *représentatif* à la façon des doctrinaires, lequel n'est plus aussi *récréatif* qu'a bien voulu le dire Paul-Louis Courrier.

La lecture des articles a été interrompue çà et là par quelques amendemens malencontreux. L'impatience des centres en a fait justice.

M. le vicomte Lemercier avait fait une proposition ainsi conçue : « Ne seront point considérées comme fenêtres imposables, *les ouvertures* SANS CHASSIS *des habitations de la classe indigente.* » Nous citons textuellement. Dans les quatre mots qu'il a été permis à M. Lemercier de dire à l'appui de sa proposition, il s'est écrié : « Mon amendement n'est relatif *qu'aux simples trous pratiqués dans les murs d'argile....* » — Cela pourrait compromettre l'impôt, a répondu M. Humann, et l'amendement a été rejeté....

Le tour de la loterie est arrivé; M. de Mornay avait déposé une disposition additionnelle, en vertu de laquelle cet impôt devait être, à partir du 1er juillet prochain, définitivement aboli; il a essayé de prononcer quelques paroles à l'appui : la tentative a été pénible; un concert de cris *aux voix !* l'a accompagné pendant les dix minutes qu'il a eu le courage de rester à la tribune. « Mon amendement, disait-il, est conforme à la justice, *aux voix !* à la morale, *aux voix !* à l'humanité, *aux voix !* il est dans l'intérêt des classes pauvres, *aux voix ! aux voix !* » Faut-il dire quel a été le résultat du vote de la chambre? Non, chacun le devine.

Les *trois jours* qui viennent de s'écouler sont mortels pour la chambre; mortels pour la loi d'élection dont elle est le produit; mortels pour le système sur lequel elle s'est appuyée. La France a pu apprécier ses sympathies, elle a jugé ses actes.

Ces héros de l'ordre légal, ils ont fui devant le choléra! ils ont fui: alors qu'un devoir impérieux leur ordonnait de rester à leur poste! ils ont fui, alors qu'il leur était prescrit de songer aux douleurs des masses, aux soulagemens que leur détresse réclame!

L'équipage du *Vengeur* fait sombrer son vaisseau plutôt que de se rendre : alors que de sa tête seule il dominait le flot qui l'allait engloutir, il brandissait en l'air la glorieuse cocarde, aux cris de *vive la république!*

vive la liberté ! Il étonnait ses vainqueurs..... C'était là du courage militaire.

Kléber disant à un officier : *Tu iras là, et tu t'y feras tuer ; l'officier s'y rendant et succombant.* C'était là encore du courage militaire.

Le soldat qui serre les rangs lorsque le boulet a balayé son camarade ; le conscrit qui réclame l'honneur de monter le premier à l'assaut ; le tambour qui bat la charge d'une seule main, lorsque le canon vient de lui enlever l'autre ; Napoléon au pont d'Arcole.... C'est encore là du courage militaire !

Boissy d'Anglas saluant la tête sanglante de Ferrand ; madame Roland cédant le pas, au pied de l'échafaud, à un vieillard dont elle consent à voir tomber la tête avant la sienne. Voilà du courage civil !

Oh ! oui, lorsqu'il s'agit de courage, la France est assez riche de ses souvenirs : et, à cet égard, le passé est une garantie suffisante de l'avenir, pour que nous puissions inventorier sans honte les misères de l'époque actuelle.

Députés de la France ! retournez donc dans vos foyers ; le coin du feu vous réclame ; M. Guizot vous l'a dit : vos convictions sont éteintes. Livrez-vous donc à vos soins domestiques ; la mission de législateurs ne vous était point réservée ; à d'autres, au cœur haut, à l'ame forte, de remplir le poste que vous avez déserté.... Votre tâche est désormais finie !

A. PIHAN DELAFOREST,

IMPRIMEUR DE LA COUR DE CASSATION,

Rue des Noyers, n° 37.

www.ingramcontent.com/pod-product-compliance
Lightning Source LLC
LaVergne TN
LVHW010255230826
846091LV00007B/2989

* 9 7 8 2 0 1 1 7 8 6 8 7 6 *